Udo Piller

VIEL SPASS BEIM GOLF

Lappan

Udo Piller, Jahrgang '59 und gebürtiger Kölner,
startete seinen beruflichen Werdegang als Werbefotograf.
Da ihm das Fotografieren schon bald als realitätsfremd erschien,
wechselte er zu Illustrationen und Cartoons,
die immer mehr zu seinem Ausdrucksmittel wurden.
Er veröffentlicht Cartoons in Büchern, Kalendern,
Fachzeitschriften und auf Postern.

Gedruckt auf chlorfrei gebleichtem Papier.

5. - 11. Tausend
2. Auflage, August 2001

Gesamtherstellung: Proost International Book Production
Printed in Belgium · ISBN 3-89082-946-5

Was soll daran falsch sein?
Er hat eine Sechs gewürfelt und darf
nun zuerst putten.

RE
ORIGINAL-BEA
NEW

Guck hier. Mein neuer Putter, Karbonschaft, tiefer gelegte Trefferfläche und schweineteuer. Gibt es einen idealeren Weg, den Ball ins Loch zu befördern?

Am ersten Loch fällt mir immer die Schlägerwahl schwer.
1

Ich habs dir gleich gesagt:
Wenn keine Fahne drin ist, kann es nicht
das richtige Loch sein.

Und spiel nicht wieder im Sand!
Die alte Zicke kapiert nichts. Das heißt Bunker.
Ja, Mutter.

Er händelt sein Sandwedge so katastrophal, dass er sich den gesamten Bunkerinhalt über die Rübe schaufelt, bevor er, statt auf dem Fairway, im nächstmöglichen Rough landet. Und wer darf die Klamotten wieder sauber machen?

Na, wenn das mal keinen Schlag ins Wasser gibt.
Wieso? Ist doch ein Waterwedge.

Ich habs ihm schon tausendmal gesagt.
Die Weite hat nichts mit dem Anlauf zu tun.

Eine fürchterliche Waffe! Sie wird seinem Besitzer jegliche Freizeit rauben und Schlag auf Schlag wird er sich seiner eigenen Unzulänglichkeit bewusst. Irgendwann wird er einen Pakt mit mir schließen.

Spielen Sie schon lange Golf?

Es war wieder einer jener lausigen Novembertage, an denen das Rough seine gierigen Wucherungen über die Fairways trieb und lediglich der verwehte Sand aus den Bunkern die Wintergrüns heimsuchte, als diese „Lady in red“ mein Büro betrat.

Ihr gelber Titleist hat sich ausgerechnet an diesem verflixten 7. Loch verabschiedet und seitdem nichts mehr von sich hören lassen. Ich beschloss, ihr die schreckliche Wahrheit zu sagen.

Forget it!

Du kannst die nicht als Trophäen mitnehmen.

Ach! Da wir die gleiche Marke spielen, wie wollen Sie beweisen, dass ausgerechnet der besser Platzierte Ihrer ist?

Er hat 1992 am vierten Loch ein Ass geschlagen. So etwas kann einen Mann schon zeichnen.

An den Fosburyflop hat zuerst auch keiner geglaubt.

Ein Tee? Sir Henry, ich glaube nicht, dass so ein neumodicher Kram den guten alten Butler ersetzen wird.

Diese öffentlichen Golfplätze sind zwar billig, aber trotzdem ...
PIT PUTTER SPEDITION
4
MAX-2 J

Golf! Alles eine Frage der Einstellung.

Na dann mal los!

Jetzt ist er schon über zwei Stunden da drinnen.
Und dabei hat er nur neun Loch gespielt.

Vergiss es!
Du musst schon deine eigenen
Schläger benutzen.

Aha! Aber wenn der gnädige Herr zu Hause mal den Garten umgraben soll.

Nebenbei: Nicht die Sonnenstrahlen wurden Ikarus zum Verhängnis.

Ich droppe nie!

Okay, lass uns abhauen. Wir haben zwölf gefälschte Greenfees verkauft. Mehr ist heute nicht drin.
WORLD-CUP

Udo Piller mit seinen Kumpels am ersten Grün
und noch vier verbleibende Schläge bis zur Platzreife.

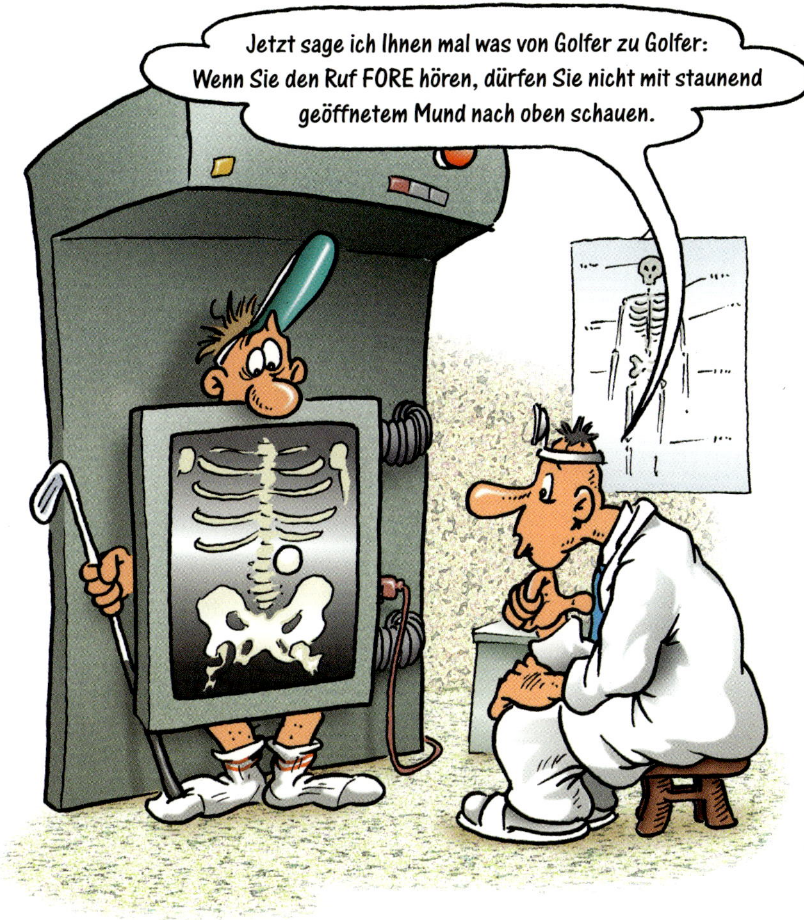
Jetzt sage ich Ihnen mal was von Golfer zu Golfer: Wenn Sie den Ruf FORE hören, dürfen Sie nicht mit staunend geöffnetem Mund nach oben schauen.

Hör zu, Schatz. Wenn der liebe Gott wollte, dass ich nicht so oft Golf spiele, würde er mir ein Zeichen schicken.

Okay, Zement drüber.

DRIVING RANCH TEXAS
EY
GINAL
er
KE

Oh, schau mal Max. Ich habe ja gewonnen.
18
SCORE

18